La Cuisine des Sables

La Cuisine des Sables

Bernard MOULART
Professeur de cuisine

Nadia BENSAÏD

Photos : S.A.E.P. / J.L. SYREN

EDITIONS **S.A.E.P.** INGERSHEIM 68000 COLMAR

Signification des symboles accompagnant les recettes

Recettes		Recettes	
✕	élémentaire	○	peu coûteuse
✕✕	facile	○○	raisonnable
✕✕✕	difficile	○○○	chère

Imaginez un coucher de soleil embraser l'horizon, une palmeraie onduler sous les caresses du chergui, vent chaud venu du sud marocain... La nuit descend sur ce pays lointain et déjà, du plus profond des fières casbahs, s'élèvent les arômes épicés des mets qui mijotent.

C'est une cuisine de contrastes, aux savants mélanges, haute en couleurs, à la fois sobre et sophistiquée, qui allie générosité et convivialité.

De cette terre, où se succèdent les oasis fertiles, ces longues coulées de verdure que cernent les sables brûlants du désert, les populations berbères ont "sublimé" les produits de leur élevage et de leur culture.

Ainsi, la magie des parfums, des saveurs, des couleurs, que préservent jalousement les traditions ancestrales, flatte avantageusement tous nos sens. A ce point qu'en gastronome curieux, en quête d'exotisme et de dépaysement culinaire, vous voilà mis en appétit.

L'originalité de cette cuisine, c'est l'utilisation raisonnée des épices. Comme l'a écrit Curnonsky : "leur histoire contient toute l'histoire du monde". Objets d'un commerce florissant en occident au même titre que les étoffes précieuses ou les herbes rares, les épices, d'abord reconnues pour leurs vertus aphrodisiaques et thérapeutiques, ne tardèrent pas à faire très vite une entrée remarquée dans la cuisine européenne. Parfois digestives, antiseptiques, toniques ou calmantes, les épices ont toujours été la charpente de la cuisine orientale.

Fortement inspiré des traditions de la table marocaine et tunisienne, ce livre se veut être un prétexte à l'évasion, une invitation aux voyages... autour d'une table, véritable mosaïque de couleurs abondantes et belles à voir.

Condiment épicé au miel
(Maroc)

Prép. : 15 mn. - Cuis. : 10 mn.

1 dl. d'huile
200 g. d'oignons émincés finement
2 gousses d'ail écrasées
1 cuil. à soupe de persil haché
2 cuil. à soupe de coriandre fraîche hachée
1 pincée de cannelle
1 pincée de gingembre
1 pincée de piment doux
1 pincée de safran
1 bonne pincée de cumin
2 cuil. à soupe de jus de citron ou de vinaigre
2 cuil. à soupe de miel
50 g. de raisins secs
Sel, poivre.

Faire gonfler les raisins dans de l'eau chaude.

Mettre l'huile à chauffer dans une casserole. Y placer les oignons à compoter. Ils doivent devenir tendres et blonds.

Ajouter les épices, l'ail, les herbes fraîches, le citron et le miel. Assaisonner selon votre goût.

Ajouter ensuite les raisins. Bien mélanger le tout. Laisser cuire 5 minutes.

Ce condiment accompagne les viandes grillées ou rôties ainsi que les poissons frits.

Condiment pimenté au cumin
(Maroc)

Prép. : 5 mn.

200 g. de piment doux en poudre
1/2 cuil. à café de cumin concassé
1 grosse pincée de sel fin
125 g. d'huile d'olive
2 cuil. à café de vinaigre blanc.

Mélanger ensemble intimement les épices, le sel, le vinaigre et l'huile d'olive.

Conserver cette préparation au frais dans un bocal à fermeture hermétique.

Ce condiment accompagne souvent les grillades et les viandes froides.

Il est possible de renforcer le piment doux en ajoutant 1 piment fort écrasé.

Le cumin contient une essence, le ***cuminol****, qui stimule la digestion et combat la fermentation des aliments farineux.*

Chermoula
(Maroc)

Prép. : 10 mn. - Cuis. : 10 mn.

1 dl. d'huile d'arachide
200 g. d'oignons émincés finement
2 gousses d'ail écrasées
1 cuil. à soupe de persil haché
2 cuil. à soupe de coriandre fraîche hachée
1 pincée de cannelle
1 pincée de gingembre
1 pincée de piment doux
1 pincée de cumin
2 cuil. à soupe de jus de citron ou de vinaigre
Sel.

Dans une petite casserole, mettre l'huile à chauffer. Y faire compoter les oignons jusqu'à ce qu'ils deviennent tendres et blonds. Adjoindre l'ail.

Ajouter ensuite les herbes et les épices ainsi que le vinaigre.

Réserver cette préparation pour accompagner des tranches de foie grillées ou du poisson.

Petits citrons jaunes en saumure
(Maroc)

Prép. : 15 mn.

1 kg. de citrons bien mûrs
150 g. de sel fin.

Faire tremper les citrons pendant 2 à 3 jours dans de l'eau froide que l'on renouvellera fréquemment. Les égoutter.

Entailler l'écorce et la chair dans le sens de la hauteur afin d'obtenir 4 quartiers restant attachés ensemble aux extrémités.

Répartir le sel dans chaque fruit puis les empiler dans un bocal en les tassant. Fermer hermétiquement et laisser confire 2 à 3 semaines avant de les utiliser.

Coupés en petites tranches, les citrons en saumure entrent dans la composition de divers mets (ragoûts épicés, potages...).

Petits pains au sésame (Maroc)

Prép. : 30 mn. - Repos : 1 h. 15 mn. - Cuis. : 30 mn. environ.
4 pers.

500 g. de farine de blé
200 g. d'eau tiède (quantité variable)
125 g. de sucre
10 g. de sel
15 g. de levure de boulanger
20 g. d'anis en grains
50 g. de graines de sésame
100 g. de beurre ramolli.

Délayer la levure dans un peu d'eau tiède.

Tamiser la farine et la disposer en fontaine. Répartir le sel. Au centre, ajouter l'anis, le sésame, le sucre, la levure et l'eau. Pétrir énergiquement le tout 15 à 20 minutes afin de rendre la pâte élastique et lisse. La pâte ainsi obtenue doit former une boule homogène non collante.

Incorporer le beurre et laisser reposer la pâte dans une terrine recouverte d'un linge pendant 1 heure.

Façonner ensuite des petites galettes de 10 cm de diamètre d'1 cm d'épaisseur. Les disposer sur une plaque à pâtisserie. Les piquer à la fourchette puis les laisser pousser 15 minutes.

Cuire à four chaud (th. 6-7) pendant 20 à 30 minutes.

Servir ces petits pains au petit-déjeuner ou au goûter. Les accompagner de miel.

Petits pains au cumin

Prép. : 30 mn. - Repos : 1 h. 15 mn. - Cuis. : 20 mn.
8 pers.

40 g. de levure fraîche + 5 cl. d'eau tiède
600 g. de farine
12 g. de sel
3 cuil. à soupe de cumin
1 jaune d'œuf
4 dl. d'eau tiède.

Délayer la levure dans un peu d'eau tiède. Disposer la farine en fontaine sur le plan de travail ou dans un grand saladier. Ajouter le sel, le cumin, le jaune d'œuf, le levain et l'eau.

Incorporer progressivement la farine et travailler la pâte pour qu'elle devienne bien élastique et non collante. Saupoudrer de farine et couvrir d'un linge. La laisser "pousser" 1 heure dans un endroit tempéré.

Rompre la pâte et la diviser en petites boules de 80 g. que l'on façonne avec les mains graissées à l'huile d'olive.

Poser sur une plaque. Laisser gonfler. Cuire à four chaud à 200° C (th. 6-7), 20 minutes environ.

LES RECETTES

Chorba
(Maroc)

Prép. : 30 mn. - Cuis. : 50 mn.
4 pers.

150 g. de viande de mouton cuite (gigot, épaule) taillée en petits dés
80 g. d'oignons hachés
150 g. de carottes
200 g. de pommes de terre
150 g. de courgettes
80 g. de beurre
1 cuil. à soupe de concentré de tomate
1 cuil. à soupe de coriandre fraîche hachée
Sel, poivre
1 pincée de piment doux
1 tablette de bouillon
80 g. de vermicelles.

Découper les carottes, les pommes de terre et la courgette en petits dés.

Faire revenir la viande de mouton, l'oignon et les carottes dans le beurre chaud. Mouiller avec 1,25 l. d'eau. Assaisonner. Ajouter la tablette de bouillon et le concentré de tomate. Laisser mijoter quelques minutes. Ajouter les pommes de terre, les courgettes et la coriandre.

5 minutes avant de servir, jeter les vermicelles en pluie. Servir chaud.

Ce potage peut être servi plus ou moins épais.

Harrira
(Maroc)

Prép. : 30 mn. - Cuis. : 1 h.
4 pers.

200 g. de viande de mouton cuite (gigot, épaule) découpée en petits morceaux
80 g. d'oignons hachés
5 cl. d'huile d'olive
60 g. de céleri branche émincé
150 g. de lentilles
300 g. de tomates mondées épépinées
1/2 cuil. à café de safran
2 pincées de gingembre
2 cuil. à soupe de coriandre fraîche hachée
100 g. de pois chiches cuits
80 g. de riz
Le jus d'1/2 citron
Sel, poivre.

Faire revenir la viande et l'oignon dans l'huile d'olive. Assaisonner et couvrir d'1,5 l. d'eau tiède.

Ajouter le céleri, les lentilles et les tomates. Adjoindre le safran, le gingembre et la coriandre fraîche. Laisser mijoter à petit feu.

A mi-cuisson, ajouter les pois chiches et le riz. Terminer la cuisson à feu doux.

La quantité d'eau est variable. Elle est fonction du degré de consistance souhaité. Quand le potage est cuit, verser le jus de citron.

Le Harrira est un potage épais qui se déguste les soirs de Ramadan, comme les dattes, les œufs au cumin ou les spakia (gâteaux au miel). Il se sert dans des bols.

Bouillon de poulet à la coriandre

Prép. : 30 mn. - Cuis. : 50 mn.
4 pers.

1,2 kg. de poulet
1 à 2 gousses d'ail
2 branches de céleri coupées en petits dés
150 g. de poireaux émincés
150 g. d'oignons émincés finement
6 tomates mondées et épépinées
1/2 cuil. à café de curcuma
3 cuil. à soupe de coriandre fraîche hachée
2 cuil. à soupe de persil haché
70 g. de riz
150 g. de pois chiches cuits
Sel, poivre.

Découper le poulet en 8 portions.

Placer les morceaux dans un récipient avec 1 litre et demi d'eau froide. Porter à ébullition et écumer fréquemment. Saler et poivrer.

Ajouter l'ail, le céleri, le curcuma, la tomate découpée en petits dés, les oignons, le poireau, le riz et les herbes fraîches. Saler et poivrer. Laisser cuire à feu doux 50 minutes.

En fin de cuisson, ajouter les pois chiches.

Cette soupe épaisse se mange souvent en Afrique du Nord pour rompre le jeûne du Ramadan.

Soupe à la mode algérienne

Prép. : 35 mn. - Cuis. : 15 mn.
4 pers.

Les abattis d'1 poulet (gésier, cou, aileron)
250 g. de haut-de-côtes de mouton
250 g. d'épaule d'agneau désossée
5 cl. d'huile d'olive
150 g. d'oignons émincés finement
2 gousses d'ail écrasées
1 pincée de safran
1 pincée de gingembre
2 cuil. à soupe de coriandre fraîche hachée
400 g. de carottes
2 courgettes
1 grosse cuil. à soupe de concentré de tomate
150 g. de pois chiches cuits.

Découper la viande en morceaux de 50 g. environ.

Dans une grande casserole, mettre à rissoler les abattis de volaille et la viande de mouton dans l'huile très chaude. Ajouter les oignons et l'ail, les épices et un peu de coriandre. Verser 1/2 l. d'eau. Saler et poivrer. Laisser cuire à petit feu 40 minutes environ.

Ajouter ensuite les carottes et les courgettes coupées en petits tronçons puis en quartiers, ainsi que le concentré de tomate. Terminer la cuisson. 5 minutes avant de servir, adjoindre les pois chiches.

Au moment de servir, parsemer la soupe de coriandre fraîche.

Soupe de mokhia

Prép. : 30 mn. - Cuis. : 40 mn.
4 pers.

150 g. de viande de mouton cuite (gigot, épaule)
80 g. d'oignons hachés
5 cl. d'huile d'olive
3 tomates mondées et épépinées
1 gousse d'ail écrasée
Sel, poivre
1 pincée de safran
1 l. de bouillon
600 g. de mokhia (gombos)
1 cuil. à soupe de coriandre fraîche hachée.

Découper la viande en petits dés. La faire revenir dans l'huile d'olive avec l'oignon.

Ajouter les tomates taillées en morceaux ainsi que l'ail et l'assaisonnement. Verser le bouillon et laisser cuire à petit feu.

10 minutes avant le terme de la cuisson, ajouter les "mokhia" coupés en rondelles.

Servir très chaud avec la coriandre.

La quantité de bouillon est variable selon la consistance souhaitée.

Soupe de pois chiches au mouton (Egypte)

Prép. : 20 mn. - Cuis. : 30 mn.
4 pers.

500 g. de pois chiches cuits
80 g. d'oignons émincés
120 g. de blanc de poireau émincé
2 gousses d'ail écrasées
50 g. de beurre
1 l. de bouillon
150 g. de gigot cuit
1 pincée de cumin
1 pincée de piment doux
Sel, poivre noir
1 cuil. à soupe de coriandre fraîche hachée.

Dans une grande casserole, mettre le beurre à fondre. Y faire suer l'oignon et les poireaux. Ajouter les pois chiches, l'ail, les épices et l'assaisonnement.

Verser l'eau et porter à ébullition. Cuire à feu doux 25 à 30 minutes.

Découper la viande en petits dés réguliers.

Quand le potage est prêt, le mixer.

Vérifier l'assaisonnement. Adjoindre la viande et la coriandre.

Il est possible d'ajouter un peu de safran et de curcuma.

Marinade d'olives au cumin

Prép. : 10 mn. - Marinade : 8 h.
6 à 8 pers.

1 kg. d'olives vertes ou rouges
3 gousses d'ail
1 petit bouquet de coriandre fraîche
1 dl. d'huile
Le jus de 2 citrons
1 grosse pincée de cumin
1 pincée de piment
1 pincée de gingembre.

Mixer ensemble les gousses d'ail, la coriandre, l huile, le jus de citron et les épices.

Ajouter cette préparation aux olives. Mélanger et laisser macérer au frais plusieurs heures avant de les consommer.

Il est possible d'ajouter aux olives des amandes entières mondées et grillées.

Carottes "confites" au cumin

Prép. : 25 mn. - Cuis. : 25 mn.
4 pers.

800 g. de carottes
3 gousses d'ail
1 cuil. à café de cumin
1 cuil. à soupe de sucre
1 bouquet garni
50 g. de beurre
1 pincée de piment doux
2 cuil. à soupe d'huile d'olive
Le jus d'1 citron
2 cuil. à soupe de coriandre fraîche hachée.

Eplucher les carottes. Les couper en rondelles. Les mettre dans une cocotte avec l'ail, le cumin, le sucre, le bouquet garni, le beurre et le piment. Saler et poivrer. Verser de l'eau à hauteur des carottes. Laisser cuire à feu doux. Les carottes doivent être cuites et l'eau de cuisson presque totalement évaporée.

Mélanger ensemble l'huile, le citron et la coriandre. L'ajouter aux carottes puis laisser refroidir.

Servir très frais.

Salade d'aubergines à la coriandre

Prép. : 25 mn. - Cuis. : 12 à 15 mn.
4 pers.

---

4 aubergines moyennes
6 cl. d'huile d'olive
Le jus de 2 citrons
1 petit piment ou 1/2 cuil. à café d'harissa
1 bouquet garni
1 cuil. à soupe de coriandre fraîche hachée
1 petit morceau de fenouil
Sel, poivre
1 gousse d'ail écrasée.

Eplucher les aubergines. Les détailler en gros dés ou en bâtonnets réguliers.

Dans une grande casserole, mettre l'huile d'olive, le jus de citron, le piment, le bouquet garni, la coriandre et le fenouil. Saler et poivrer légèrement l'eau et porter le tout à ébullition. Ajouter les aubergines et l'ail. Couvrir et laisser cuire rapidement 12 à 15 minutes.

Retirer délicatement les légumes. Les réserver dans un grand plat creux en terre. Faire réduire le jus de cuisson pour qu'il devienne sirupeux. Verser sur les aubergines.

Servir très frais avec des olives.

Chlada del m'dinjel

Salade d'aubergines frites (Maroc)

Prép. : 15 mn. - Cuis. : 20 mn.
4 pers.

500 g. d'aubergines
Le jus d'1 citron
100 g. de farine
1 cuil. à soupe de persil haché
1 pincée de piment doux
1 gousse d'ail hachée
Sel, poivre noir moulu
1 dl. d'huile.

Laver les aubergines. Les couper en rondelles d'1/2 cm d'épaisseur. Fariner au fur et à mesure chaque rondelle et les faire frire à la poêle dans de l'huile bien chaude.

Les égoutter. Les ranger dans un plat de service. Saupoudrer de persil. Répartir l'ail. Assaisonner. Arroser de jus de citron.

Ce plat se sert chaud ou froid.

Il est d'usage, au Maroc, de présenter plusieurs salades de légumes, chaque convive mélangeant dans son assiette couleurs et saveurs selon ses goûts.

Salade d'artichauts à l'orange

Prép. : 20 mn. - Cuis. : 30 mn.
4 pers.

500 g. de fonds d'artichaut surgelés
80 g. d'oignons hachés
1 dl. d'huile d'olive
Le jus d'1 citron vert
1/2 cuil. à café de coriandre
1 gousse d'ail hachée
3 oranges
2 cuil. à soupe de sucre
Sel, poivre noir moulu.

Mettre l'huile à chauffer sans excès. Y faire suer l'oignon sans coloration. Ajouter le jus de citron, l'ail, les épices et l'assaisonnement.

Découper les fonds d'artichaut en 4 ou en 6 selon leur taille et les ajouter à la cuisson. Verser 1/2 verre d'eau et laisser cuire à feu doux. Les fonds d'artichaut doivent être cuits et le liquide de cuisson bien réduit, presque sirupeux.

Eplucher à vif les oranges. Retirer les segments à l'aide d'un couteau tranchant. Les saupoudrer de sucre. Verser un peu d'eau. Porter à ébullition quelques minutes.

Mélanger les fonds d'artichaut et les segments d'orange. Ajouter quelques cuillerées à soupe de sirop de cuisson des oranges.

Servir très frais.

Salade de betteraves
(Maroc)

Prép. : 15 mn. - Repos : 30 mn.
4 pers.

500 g. de betteraves cuites
1 cuil. de piment doux
1 pincée de cannelle
1 pincée de cumin
1 cuil. à soupe de sucre
2 cuil. à soupe d'eau de fleurs d'oranger
2 cuil. à soupe de jus de citron.

Découper les betteraves en dés ou en rondelles. Ajouter les épices, le sucre, l'eau de fleurs d'oranger ainsi que le jus de citron. Mélanger le tout. Mettre au frais quelques temps.

Dresser en raviers.

Chlada del foul
Salade de fèves fraîches (Maroc)

Prép. : 45 mn. - Cuis. : 10 à 15 mn.
4 pers.

2 kg. de fèves fraîches
5 cl. d'huile d'arachide
1 gousse d'ail écrasée
1 grosse pincée de piment doux
1 pincée de gingembre
2 cuil. à soupe de coriandre fraîche hachée
Le jus d'1/2 citron
30 g. de citron confit coupé en petits dés
Quelques olives.

Ecosser les fèves. Remplir une casserole d'eau. Dès l'ébullition, jeter les fèves et les blanchir 1 minute. Les refroidir sous l'eau froide puis les égoutter.

Retirer la pellicule recouvrant les fèves.

Dans une casserole, mettre l'huile à chauffer. Y ajouter l'ail, les épices, la coriandre ainsi que le jus de citron et le citron confit. Ajouter les fèves. Couvrir d'eau. Cuire à feu doux. Si les fèves sont jeunes, la cuisson est très rapide.

Au terme de la cuisson, les égoutter et faire réduire l'eau de cuisson. Mélanger les fèves et la cuisson. Refroidir.

Dresser en raviers et décorer d'olives vertes et noires.

Chlada del khiso

Salade de carottes aux raisins secs

Prép. : 20 mn. - Cuis. : 15 à 20 mn.
4 pers.

500 g. de carottes
80 g. d'oignons hachés
100 g. de raisins secs
1 grosse pincée de gingembre
1 pincée de safran
1 gousse d'ail écrasée
Sel, poivre noir moulu
5 cl. d'huile
2 à 3 cuil. à soupe de miel
1 grosse pincée de cannelle
1 cuil. à soupe de coriandre fraîche hachée.

Eplucher et tailler les carottes en morceaux réguliers.

Dans une grande casserole, rassembler tous les éléments sauf le miel et la cannelle. Assaisonner puis verser de l'eau jusqu'à hauteur des carottes. Laisser cuire à feu doux 15 à 20 minutes. Les carottes doivent être cuites et le liquide de cuisson presque évaporé.

5 minutes avant le terme de la cuisson, ajouter le miel et la cannelle.

Servir chaud ou froid.

Il est possible d'arroser ce plat de jus de citron.

Salade de carottes aux épices

(Maroc)

Prép. : 15 mn. - Cuis. : 10 à 15 mn.
4 pers.

500 g. de carottes
3 cuil. à soupe d'huile
1 cuil. à soupe de jus de citron
1 grosse pincée de cumin
2 gousses d'ail écrasées
Piment
Sel, poivre noir moulu
1 cuil. à café de persil haché
Quelques olives noires et vertes.

Eplucher les carottes. Les couper en tronçons de 3 cm. Détailler ensuite chaque tronçon en tranche d'1/2 cm d'épaisseur puis en bâtonnets.

Cuire les carottes à l'eau bouillante salée. Les garder un peu fermes. Refroidir sous l'eau courante puis égoutter.

Préparer la "vinaigrette" en mélangeant l'huile, le jus de citron et les épices.

Assaisonner les carottes puis les dresser dans des raviers.

Décorer avec le persil et les olives.

Salade d'oignons à la marocaine

Marinade : 2 h. - Prép. : 25 mn. - Repos : 2 h.
6 pers.

500 g. d'oignons doux
4 cuil. à soupe de vinaigre de vin
3 oranges
1/2 cuil. à café de sucre
4 cuil. à soupe d'huile d'olive
1 pincée de cannelle en poudre
Poivre moulu
100 g. d'olives noires en saumure.

Eplucher et couper en fines tranches les oignons. Les mettre dans un grand saladier avec le vinaigre et les laisser mariner 2 heures environ.

Peler les oranges à vif. Les couper en rondelles. Les disposer dans une assiette et les saupoudrer de sucre. Disposer dans le plat de service, par couches successives, les oignons égouttés et les tranches d'orange.

Assaisonner avec la "vinaigrette" obtenue en mélangeant le jus de macération des oranges, l'huile d'olive, la cannelle, le poivre moulu et un peu de vinaigre.

Décorer avec les olives noires.

Salade de mokhia

Prép. : 30 mn. - Cuis. : 5 mn.
4 pers.

500 g. de mokhia (gombos)
4 gousses d'ail écrasées
3 cuil. à soupe d'huile
2 cuil. à soupe de coriandre fraîche hachée
1 cuil. à soupe de persil haché
1 grosse pincée de cumin
1 pincée de piment
Sel, poivre
Le jus d'1 citron.

Laver les gombos. Les tailler en rondelles après avoir ôté les extrémités.

Les mettre à cuire rapidement dans l'eau bouillante salée. Les égoutter.

Mélanger l'huile, le jus de citron, le sel, le poivre, la coriandre, le persil, les épices et l'ail écrasé.

Dresser les gombos encore tièdes dans des raviers et les arroser de vinaigrette.

Ne pas trop cuire les gombos.

Salade de radis longs à la "fleur d'oranger" (Maroc)

Prép. : 15 mn.
4 pers.

2 gros radis longs
2 cuil. à soupe de jus de citron
1 cuil. à soupe d'eau de fleurs d'oranger
Sel fin
1 orange pour le décor.

Mélanger le citron, l'eau de fleur d'oranger et le sel.
Nettoyer, peler et râper les radis. Les mélanger avec l'assaisonnement.
Dresser dans des raviers et décorer avec des tranches d'orange. Servir très frais.

Felfla

Salade de tomates et de poivrons cuits (Maroc)

Prép. : 30 mn. - Cuis. : 30 mn.
4 pers.

600 g. de tomates
600 g. de poivrons rouges et verts
1 cuil. à soupe d'huile d'olive
1 gousse d'ail écrasée
1 cuil. à soupe de jus de citron
1 cuil. à soupe de persil haché
Sel, poivre moulu.

Monder les tomates et les épépiner.

Frire ou griller les poivrons afin de les peler. Les ouvrir et retirer les pépins.

Mettre l'huile à chauffer. Y jeter les tomates. Ajouter l'assaisonnement ainsi que l'ail. Laisser compoter. Quand la tomate a perdu toute son eau de végétation, ajouter les poivrons coupés en dés. Cuire à feu doux.

Dès la cuisson terminée, verser le jus de citron. Laisser refroidir.

Dresser en raviers.

Servir très frais, saupoudré de persil.

Daurades à la "Chermoula"

Marinade : 4 à 6 h. - Prép. : 30 mn. - Cuis. : 15 mn.
4 pers.

2 daurades de 500 g
60 g. de farine
Huile d'arachide pour frire
Sel, poivre.

Marinade :
1/2 cuil. à soupe de cumin en poudre
2 cuil. à soupe de coriandre fraîche hachée
1 grosse pincée de piment doux
2 cuil. à soupe d'huile d'olive
2 gousses d'ail écrasées
2 cuil. à soupe de jus de citron.

Ecailler les daurades. Enlever les nageoires et la tête puis les vider. Les laver parfaitement et les essuyer.

Préparer la marinade en mélangeant ensemble tous les éléments.

Découper les poissons en tranches puis les placer en marinade 4 à 6 heures en les retournant de temps en temps.

Les retirer de la marinade. Les assaisonner. Les fariner puis les frire dans une poêle.

Servir le poisson accompagné de chermoula (p. 10).

Brochettes de lotte au cumin

Marinade : 2 à 3 h. - Prép. : 20 mn. - Cuis. : 15 mn.
4 pers.

700 g. de queue de lotte parée (sans peau ni arête).

Marinade :
1 cuil. à soupe de coriandre fraîche hachée
1 cuil. à soupe de persil
1 gousse d'ail écrasée
1/2 cuil. à café de cumin en poudre
1 grosse pincée de piment doux
1 citron pelé à vif et coupé en tranches
2 cuil. à soupe d'huile
Sel
Jus de citron.

Mélanger ensemble tous les éléments de la marinade.

Découper le poisson en cubes de 3 cm sur 3. Les placer dans la marinade et laisser ainsi au frais durant 2 à 3 heures environ.

Enfiler les morceaux de poisson sur des piques en bois. Compter 2 brochettes par personne. Saler. Cuire au gril ou à la poêle.

Arroser de jus de citron.

S'accompagnent de chermoula (p. 10).

Oeufs "frits" au cumin

Prép. : 10 mn. - Cuis. : 5 mn.
4 pers.

4 ou 8 œufs
1 dl. d'huile d'arachide
5 cl. d'huile d'olive
1/2 cuil. à café de cumin
1 grosse pincée de cardamome
1 cuil. à soupe de coriandre fraîche hachée
Sel, poivre.

Dans une grande poêle, frire les œufs un à un. Les assaisonner. Les réserver dans un grand plat.

Pendant ce temps, mettre l'huile d'olive à chauffer. Ajouter les épices et la coriandre fraîche. Verser cette préparation sur les œufs.

Les œufs peuvent également être cuits durs ou pochés.
Accompagner ce plat de riz ou de semoule.

Merguez aux pommes de terre et aux œufs

Prép. : 35 mn. - Cuis. : 40 mn.
4 pers.

8 merguez
5 cl. d'huile d'olive
2 cuil. à soupe de concentré de tomate
1 gousse d'ail écrasée
1/2 cuil. à café d'harissa
1 grosse pincée de cumin
1 pincée de piment doux
500 g. de pommes de terre
4 œufs
Sel, poivre noir moulu.

Dans une cocotte, mettre l'huile à chauffer. Y ajouter le concentré de tomate, l'harissa, le cumin, l'ail écrasé et le piment doux. Verser 5 dl. d'eau. Porter à ébullition. Saler.

Eplucher les pommes de terre. Les couper en petits cubes réguliers. Couper les merguez en 2.

Ranger les pommes de terre dans un grand plat en terre allant au four. Saler. Répartir les merguez. Couvrir avec la sauce tomate. Cuire à four chaud (180° C) durant 30 à 40 minutes. Ajouter un peu d'eau pendant la cuisson si nécessaire.

5 minutes avant le terme de la cuisson, casser les œufs à la surface. Remettre au four pour les cuire.

Servir très chaud.

Cervelles de mouton en ragoût
(Maroc)

Prép. : 20 mn. - Cuis. : 25 mn.
4 pers.

4 cervelles de mouton
100 g. d'oignons émincés
2 cuil. à soupe d'huile d'olive
2 gousses d'ail écrasées
4 tomates mondées et épépinées
1 cuil. à soupe de persil haché
1 cuil. à soupe de coriandre fraîche
1 grosse pincée de cumin
1 cuil. à soupe de vinaigre.

Mettre à tremper les cervelles dans de l'eau froide. Changer cette eau plusieurs fois.

Dans un récipient assez large, faire chauffer l'huile. Y faire blondir les oignons puis ajouter les tomates, l'ail écrasé, le persil, la coriandre et le cumin. Faire fondre la tomate. Assaisonner de sel, de poivre de Cayenne et de piment doux selon votre goût.

Quand les cervelles ont bien dégorgé, les découper en gros cubes et les ajouter à la cuisson. Laisser cuire à petit feu 10 minutes.

Dresser dans un grand plat en terre. Arroser de vinaigre. Décorer de feuilles de persil simple.

Accompagner ce plat de riz au safran ou de semoule à couscous.
Ce plat peut être décoré d'olives.

Tranches de foie de veau aux aromates

Prép. : 15 mn. - Marinade : 1 h. - Cuis. : 5 mn.
4 pers.

4 tranches de veau de 250 g.
3 gousses d'ail
1 cuil. à soupe de persil haché
1 cuil. à soupe de coriandre fraîche hachée
4 cuil. à soupe d'huile + 1 dl.
1 cuil. à soupe de vinaigre
1 grosse pincée de cumin
1 petit piment
Sel fin
100 g. de farine.

Mixer ensemble l'ail, les herbes, les épices, l'huile et le vinaigre.

Enduire chaque tranche de foie de cette préparation et laisser mariner pendant 1 heure.

Passer le foie dans la farine. Le frire dans l'huile très chaude.

Décorer avec des olives.

Suggestion : *le foie peut être coupé en "bâtonnets" et servi froid ou chaud, arrosé de jus de citron.*

Aubergines au mouton

Prép. : 30 mn. - Cuis. : 15 mn.
4 pers.

4 petites aubergines de formes régulières
2 dl. d'huile
200 g. de mouton cuit haché
Quelques raisins et un peu de sauce
50 g. d'oignons finement hachés
80 g. de riz cuit à l'eau
1 cuil. à soupe de coriandre fraîche hachée
Sel, poivre
1 piment doux
Chapelure.

Découper les aubergines en 2 dans le sens de la longueur.

Mettre l'huile à chauffer dans une grande poêle. Y frire les aubergines. Les déposer sur un papier absorbant.

Retirer la chair intérieure de chaque aubergine sans abîmer la peau. Hacher grossièrement la chair et la mélanger avec le mouton, les oignons, le riz, les épices, la coriandre et la sauce aux raisins.

Remplir les aubergines avec cette farce.

Les disposer dans un grand plat en terre. Arroser copieusement d'huile. Saupoudrer très légèrement de chapelure.

Passer au four 15 minutes environ (th. 6) pour terminer la cuisson.

Utiliser de préférence de la viande de mouton cuite en tajine, par exemple celle de la tajine aux raisins.

Courgettes farcies au mouton (Egypte)

Prép. : 30 mn. - Cuis. : 20 mn.
4 pers.

300 g. de viande de mouton hachée
80 g. d'oignons finement hachés
1 gousse d'ail écrasée
1 cuil. à soupe de persil haché
1 cuil. à soupe de coriandre fraîche hachée
2 œufs
50 g. de riz mi-cuit
1 pincée de safran
3 grosses courgettes
1 cuil. à soupe de concentré de tomate
5 cl. d'huile d'olive.

Mélanger ensemble la viande, l'oignon, l'ail, le persil, la coriandre et les œufs. Saler et poivrer. Ajouter le riz et le safran.

Découper les courgettes en 4 ou 5 tronçons. Les vider pour former un réceptacle dans lequel on placera une grosse boulette de farce.

Mélanger le concentré de tomate à 1 dl. d'eau. Saler et poivrer. Porter à ébullition. Pimenter selon votre goût.

Ranger les courgettes dans un plat allant au four. Arroser d'huile d'olive et cuire à four chaud 20 minutes en surveillant.

Dresser dans un grand plat et napper de sauce.

Saupoudrer de persil.

Akbab
(Tunisie)

Prép. : 20 mn. - Cuis. : 40 mn.
4 pers.

---

500 g. de gigot désossé
5 cl. d'huile d'olive
1 cuil. à potage de concentré de tomate
1 cuil. à café d'harissa
1 gousse d'ail écrasée
30 g. de beurre salé
Sel, poivre noir
Le jus d'1/2 citron
1 cuil. à soupe de persil haché
30 g. d'oignon finement haché.

Découper la viande de gigot en petits cubes réguliers. Dans l'huile très chaude, les faire revenir quelques minutes. Assaisonner de sel et de poivre moulu.

Ajouter le concentré de tomate, l'harissa et la gousse d'ail. Couvrir à peine d'eau et laisser cuire à petit feu.

Une fois la viande cuite, ajouter le beurre salé. Vérifier l'assaisonnement et mélanger.

Dresser dans un grand plat en terre. Arroser de jus de citron. Saupoudrer de persil et d'oignon.

Accompagner ce plat de semoule aux légumes.

Boulettes de viande au foie à l'œuf frit (Maroc)

Prép. : 40 mn. - Cuis. : 20 mn.
4 pers.

250 g. de bœuf ou de mouton haché
150 g. de foie de veau
1 œuf pour la farce
1 cuil. à soupe de persil haché
1 cuil. à soupe de coriandre fraîche hachée
5 cl. d'huile d'olive
100 g. d'oignons finement émincés
300 g. de chair de tomate
1 cuil. à café de concentré de tomate
1 gousse d'ail écrasée
1 pincée de piment doux ou 1/2 cuil. à café d'harissa
4 œufs
3 dl. d'huile
Sel, poivre moulu.

Mélanger ensemble la viande, le foie coupé en petits morceaux, l'œuf et les herbes fraîches. Saler et poivrer. Former des boulettes de la grosseur d'une noix.

Mettre l'huile à chauffer. Y colorer la viande puis la réserver au chaud. Dans ce corps gras, faire rissoler les oignons. Ajouter la tomate, l'ail, le concentré et le piment doux. Saler et poivrer. Verser un peu d'eau et porter à ébullition. Cuire à feu doux 5 à 10 minutes.

Placer les boulettes dans cette sauce et laisser cuire à nouveau 5 minutes.

Dans une grande poêle, frire les œufs. Les assaisonner.

Dresser la viande et la sauce dans un grand plat. Disposer les œufs par dessus. Servir très chaud.

Saupoudrer de coriandre fraîche hachée.

Boulettes de viande aux câpres (Tunisie)

Prép. : 30 mn. - Cuis. : 15 mn.
4 pers.

500 g. de viande de mouton assez grasse
2 œufs
1/2 citron en saumure coupé en petits morceaux
50 g. de câpres
100 g. d'oignons hachés fins
20 g. de coriandre fraîche hachée
4 cuil. à soupe d'huile d'olive
150 g. de poivrons rouges et verts émincés
150 g. de chair de tomate
1 cuil. à soupe de concentré de tomate
1 gousse d'ail écrasée
1 verre de bouillon de volaille
Sel, poivre noir moulu.

Hacher assez finement la viande de mouton. La travailler avec les œufs, une partie des câpres et des oignons. Ajouter les épices et un peu de citron. Assaisonner de sel fin et de poivre. Façonner de petites boulettes de viande.

Dans une poêle, mettre 2 cuillerées à soupe d'huile d'olive à chauffer. Quand elle est bien chaude, y dorer la viande.

Dans un récipient assez large, faire légèrement blondir les oignons restants et les poivrons émincés. Ajouter les tomates, l'ail et les câpres. Assaisonner. Pimenter selon votre goût. Mouiller d'un verre de bouillon de volaille et laisser mijoter quelques minutes. Ajouter les boulettes et cuire le tout 10 minutes.

Dresser. Parsemer de persil. Servir bien chaud.

Ce plat peut être accompagné d'une semoule à couscous dressée en couronne autour de la viande.

Brochettes de mouton à la coriandre
(Maroc)

Prép. : 30 mn. Marinade : 30 mn. - Cuis. : 10 mn.
4 pers.

500 g. de gigot désossé
2 gros oignons
Sel, poivre de Cayenne
Paprika
3 cuil. à soupe d'huile d'olive
2 cuil. à soupe de coriandre fraîche hachée.

Découper les oignons en gros dés. Dans une poêle, mettre 1 cuillerée d'huile à chauffer. Y jeter les oignons. Les cuire quelques minutes afin de les attendrir. Laisser refroidir.

Tailler la viande de gigot en cubes. Assaisonner de sel, de poivre et de paprika.

Embrocher la viande sur des piques en intercalant des morceaux d'oignons. Placer les brochettes sur un grand plat. Répartir la coriandre et arroser d'huile d'olive. Laisser mariner 30 minutes.

Griller ou dorer les brochettes à la poêle en gardant la viande légèrement rosée.

Accompagner ces brochettes de chermoula (p. 10).

Briouats à la kefta
(Maroc)

Prép. : 45 mn. - Cuis. : 10 mn.
4 pers.

---

400 g. de viande hachée (bœuf ou mouton)
30 g. de graisse de bœuf
50 g. d'oignons hachés
1 pincée de cumin
1 pincée de cannelle
Quelques feuilles de menthe hachées
1 œuf
Quelques feuilles de coriandre fraîche hachées
Sel, poivre moulu
10 feuilles de ouarka
Huile pour le bain de friture.

Pétrir ensemble la viande et tous les éléments composant la farce.

Former des petites saucisses de 5 cm de long. Les passer à la poêle dans l'huile chaude.

Placer la feuille de ouarka sur la table. Déposer une saucisse en bas de la feuille, à 3 cm du bord. Replier les 2 côtés de la feuille sur la farce, dans le sens de la longueur. Rouler la bande rectangulaire ainsi obtenue pour emprisonner la farce.

Frire dans une grande quantité d'huile bien chaude.

Egoutter sur un papier absorbant.

Les feuilles de "ouarka" peuvent être remplacées éventuellement par des feuilles à "nems" disponibles dans les épiceries asiatiques.

Kefta du Maroc

Prép. : 20 mn. - Cuis. : 10 mn.
4 pers.

---

600 g. de rumsteck haché
1 œuf
1 grosse pincée de piment doux
1/2 cuil. à café de cumin en poudre
1 pincée de cannelle
1 cuil. à soupe de menthe fraîche hachée
80 g. d'oignon haché finement
1 cuil. à soupe de coriandre fraîche hachée
1 cuil. à soupe d'huile d'olive
3 cuil. à soupe d'eau
Sel, poivre noir moulu.

Mélanger à la viande tous les éléments de la recette. "Pétrir" pour rendre la farce homogène.

Confectionner de grosses saucisses et les façonner autour de brochettes (s'humecter les mains avec de l'eau pour faciliter le travail).

Placer les brochettes sur le barbecue et surveiller la cuisson. Les braises doivent être bien rouges.

Préparation de la semoule à couscous

Prép. : 15 mn. - Cuis. : 35 mn.
6 pers.

1 kg. de semoule à grains moyens
20 g. de sel
1 cuil. à café de "Ras el Hanout" (épices)
1 l. d'eau bien froide
125 g. de beurre ou 6 cuil. à soupe d'huile d'olive.

Mettre la semoule dans un grand saladier. Saler. Verser l'eau. Ajouter les épices. Remuer très légèrement et laisser reposer.

Lorsque toute l'eau est absorbée et le grain bien gonflé, briser les grumeaux à la main ou avec une fourchette.

Disposer la semoule dans le haut du couscoussier. Placer celui-ci sur la marmite où cuit le bouillon. La cuisson est terminée 6 à 8 minutes après que la vapeur traverse abondamment le couscous.

Verser la semoule dans un plat chaud et incorporer le beurre ou l'huile d'olive en travaillant avec une fourchette ou du bout des doigts pour séparer les grains.

Couscous aux légumes (Maroc)

Prép. : 45 mn. - Cuis. : 1 h. 15 mn.
6 pers.

500 g. de couscous
750 g. de mouton coupé en morceaux
150 g. d'oignons
1 grosse pincée de safran et de gingembre
1 dl. d'huile d'olive ou d'arachide
400 g. de carottes
300 g. de navets
300 g. de tomates en quartiers
300 g. de potiron
300 g. de courgettes bien vertes coupées en tronçons
100 g. de pois chiches cuits
100 g. de raisins secs
200 g. de patates douces
Sel, poivre noir
100 g. de beurre
1 cuil. à soupe de coriandre fraîche hachée.

Mettre le mouton dans la marmite du couscoussier. Verser 1,5 l. d'eau froide. Porter à ébullition puis écumer fréquemment.

Eplucher les carottes, les navets, les patates douces ainsi que le potiron. Découper tous ces légumes en tronçons ou en gros cubes.

Ajouter à la viande les tomates, les oignons, les carottes, l'huile et les épices. Saler et poivrer. Laisser cuire à petit feu 50 minutes. Ajouter les légumes restants, la coriandre, les pois chiches et les raisins secs.

Placer dans la partie haute du couscoussier la semoule à couscous préalablement mélangée avec 2 à 3 verres d'eau. Laisser cuire. La vapeur issue du bouillon doit "traverser" la semoule.

Quand la semoule est cuite, la transvaser dans un grand plat. Ajouter le beurre et un peu de bouillon. Saler puis travailler légèrement l'ensemble pour égréner la semoule.

Dresser la semoule en couronne dans un grand plat rond puis placer au centre les légumes et la viande. Arroser de bouillon.

Couscous aux raisins et au miel

Prép. : 35 mn. - Cuis. : 1 h.
4 à 6 pers.

500 g. de couscous
750 g. de mouton coupé en morceaux
100 g. d'oignons émincés
1 petit bouquet de coriandre fraîche
5 cl. d'huile d'olive
1 grosse pincée de gingembre
Sel, poivre du moulin
300 g. d'oignons hachés
1 grosse pincée de cannelle
250 g. de raisins secs
5 cuil. à soupe de miel
160 g. de beurre.

Placer la viande dans la marmite du couscoussier avec 1,5 l. d'eau froide. Porter à ébullition et écumer fréquemment.

Ajouter ensuite le gingembre, l'huile, l'oignon émincé et la coriandre. Saler et poivrer. Laisser cuire à petit feu.

Travailler la semoule avec 2 à 3 verres d'eau afin d'humidifier le grain. Placer la semoule dans le couscoussier. Laisser monter la vapeur.

Dans 80 g. de beurre, faire compoter les oignons sans coloration. Ajouter les raisins secs, le miel, la cannelle ainsi qu'une louche de bouillon. Laisser mijoter doucement.

Quand la semoule est cuite, la placer dans un grand plat et l'égrener en y incorporant le restant du beurre.

Dresser la semoule en couronne. Placer la viande au centre et répartir les raisins par-dessus.

Poulet au miel et aux figues

Prép. : 30 mn. - Cuis. : 35 mn.
4 pers.

1,4 kg. de poulet
50 g. de beurre
100 g. d'oignons émincés
2 gousses d'ail écrasées
1 grosse pincée de safran
1 grosse pincée de gingembre
Sel, poivre noir
400 g. de figues fraîches fermes
1/2 cuil. à café de cannelle
2 cuil. à soupe de miel.

Découper la volaille en 8 portions. Mettre le beurre à chauffer. Y colorer les morceaux de poulet. Ajouter les oignons, les épices et l'ail écrasé. Assaisonner de sel et de poivre noir. Verser de l'eau à hauteur des morceaux. Couvrir et laisser cuire à feu doux durant environ 35 minutes.

10 minutes avant le terme de la cuisson, ajouter le miel et la cannelle. Porter à ébullition.

Couper les figues en 2 et les disposer sur la volaille.

Ne pas trop cuire pour éviter que les figues tombent en compote.

Jarret de veau aux olives concassées

Prép. : 40 mn. - Cuis. : 50 mn.
4 pers.

4 tranches de jarret de veau de 250 g.
30 g. de farine
5 cl. d'huile
100 g. d'oignons émincés en lamelles
2 gousses d'ail écrasées
1 grosse pincée de gingembre
3 tomates pelées et épépinées
250 g. d'olives vertes dénoyautées et concassées
1 cuil. à soupe de coriandre fraîche hachée
2 cuil. à soupe de jus de citron
Sel
Piment doux.

Fariner les tranches de jarret. Dans une grande cocotte, mettre l'huile à chauffer. Y colorer de chaque côté la viande. Ajouter les oignons et l'ail écrasé.

Couper la chair des tomates en petits dés et les ajouter à la viande. Assaisonner de sel fin, de piment doux et de gingembre.

Mouiller la viande avec de l'eau ou du bouillon à hauteur des morceaux. Laisser cuire à feu doux 50 à 60 minutes selon la nature de la viande. Les jarrets doivent être cuits et la sauce réduite.

Retirer les morceaux et les garder au chaud sur le plat de service.

Ajouter les olives à la sauce, la coriandre et le jus de citron. Porter quelques minutes à ébullition. Napper la viande de cette sauce.

Décorer avec des feuilles de coriandre et des amandes entières légèrement grillées à l'huile.

Veau aux pois chiches et aux raisins

Prép. : 30 mn. - Cuis. : 50 à 60 mn.
4 pers.

700 g. de veau (épaule)
5 cl. d'huile d'olive
80 g. d'oignons hachés
3 cuil. à soupe de concentré de tomate
2 gousses d'ail écrasée
1/2 cuil. à café de harissa
1 feuille de laurier
1 grosse pincée de coriandre
1 grosse pincée de carvi
200 g. de pois chiches cuits
50 g. de raisins secs
1 cuil. à soupe de coriandre fraîche hachée.

Découper la viande en petits morceaux réguliers (50 g. chacun).

Mettre l'huile à chauffer. Y faire revenir la viande par petites quantités afin de bien la colorer. Ajouter les oignons. Les faire rissoler. Remettre toute la viande.

Verser de l'eau à hauteur des morceaux. Y ajouter le laurier, l'ail, le concentré et les épices. Saler. Couvrir. Laisser cuire à feu doux 50 minutes en surveillant le niveau de la sauce.

10 minutes avant le terme de la cuisson, répartir les pois chiches et les raisins. Laisser mijoter.

Dresser la viande et sa garniture dans un plat creux. Saupoudrer de coriandre.

Poulet aux oignons et aux amandes (Maroc)

Prép. : 35 mn. - Cuis. : 35 mn.
4 pers.

1,4 kg. de poulet
5 cl. d'huile d'olive
1 grosse pincée de safran
2 pincées de gingembre
300 g. d'oignons émincés
80 g. de beurre
1/2 cuil. à café de cannelle
2 cuil. à soupe de miel
4 dl. de bouillon de volaille
200 g. d'amandes mondées
Quelques feuilles de persil.

Découper la volaille en 8 parts. Mettre l'huile à chauffer. Y colorer les morceaux de poulet. Saupoudrer de safran et de gingembre. Saler et poivrer. Verser le bouillon. Couvrir et cuire à feu doux 35 minutes environ.

Faire compoter les oignons dans le beurre. Quand ils sont bien cuits, les ajouter à la viande ainsi que le miel et la cannelle.

Griller les amandes dans un peu d'huile très chaude. Les saler.

Dresser la volaille dans un plat en terre. Répartir les amandes et saupoudrer de persil à feuilles simples.

Poulet aux olives (Maroc)

Prép. : 30 mn. - Cuis. : 35 mn.
4 pers.

1,4 kg. de poulet
5 cl. d'huile d'olive
100 g. d'oignons émincés
1 grosse pincée de gingembre
1 grosse pincée de safran
1 cuil. à soupe de coriandre fraîche
1 cuil. à soupe de persil
2 gousses d'ail écrasées
3 dl. d'eau ou de bouillon
Sel, poivre noir moulu
150 g. d'olives "rouges" dessalées et dénoyautées
20 g. de citron confit.

Découper le poulet en 8 parts. Faire chauffer l'huile. Y colorer les morceaux de volaille. Ajouter les oignons. Les faire rissoler. Ajouter les épices, les herbes et l'ail. Verser l'eau ou le bouillon. Assaisonner de sel et de poivre moulu. Laisser cuire à feu moyen durant 35 minutes en surveillant le liquide de cuisson.

En fin de cuisson, ajouter le citron et les olives.

Dresser dans un plat en terre.

Tajine aux coings
(Maroc)

Prép. : 35 mn. - Cuis. : 45 mn. environ
4 pers.

600 g. de mouton (épaule, côtes)
100 g. de beurre
100 g. d'oignons émincés finement
2 gousses d'ail écrasées
1 grosse pincée de safran
2 pincées de gingembre en poudre
1 pincée de cannelle en poudre
Sel, poivre blanc
600 g. de coings mûrs
4 cuil. à soupe de miel
Cannelle en poudre.

Découper la viande en morceaux de 50 g. Bien les colorer dans le beurre chaud. Ajouter les oignons et l'ail. Saler et poivrer. Ajouter les épices. Mélanger et mouiller avec de l'eau à hauteur des morceaux. Laisser cuire à feu doux pendant 45 minutes environ.

Laver et couper en 2 les coings. Les vider. Les cuire dans de l'eau bouillante. Les garder entiers et légèrement fermes. Les passer dans une poêle contenant le miel et 50 g. de beurre. Glacer les fruits.

Dresser la viande bien chaude ainsi que les coings dans un grand plat creux. Saupoudrer de cannelle.

Tajine aux pruneaux
(Maroc)

Prép. : 40 mn. - Cuis. : 45 mn.
4 pers.

600 g. de viande de mouton (gigot, épaule, côtes)
4 cl. d'huile d'arachide
100 g. d'oignons émincés
1 gousse d'ail
1 grosse pincée de safran
2 pincées de gingembre en poudre
250 g. de pruneaux secs
4 cuil. à soupe de miel
1/2 cuil. à café de cannelle
1 cuil. à soupe de graines de sésame
Sel, poivre.

Découper la viande en morceaux de 50 g. environ.

Dans une grande cocotte, mettre l'huile à chauffer. Quand elle est bien chaude, y colorer la viande. Ajouter les oignons. Les faire suer. Ajouter la gousse d'ail. Saler et poivrer. Saupoudrer de safran et de gingembre. Verser l'eau et couvrir. Cuire à feu doux environ 45 minutes.

Pendant ce temps, mettre les pruneaux à cuire 10 minutes dans un peu d'eau. Ils doivent rester entiers. Les égoutter. Les disposer dans une poêle contenant le miel, la cannelle et un peu d'eau. Les glacer en les enveloppant de miel.

Dresser la viande dans un grand plat. Déposer les pruneaux et décorer de graines de sésame.

Tajine au riz
(Maroc)

Prép. : 40 mn. - Cuis. : 45 mn.
4 pers.

Viande :
600 g. d'épaule de mouton
4 cl. d'huile d'arachide
80 g. d'oignons émincés finement
20 g. de coriandre fraîche hachée
1 grosse pincée de gingembre
1 grosse pincée de safran
Sel, poivre.

Riz :
250 g. de riz
3 cuil. à soupe d'huile d'arachide
1 grosse pincée de safran
4 dl. de bouillon
1 bouquet garni
Sel, poivre.

Découper la viande en morceaux de 50 g. Dans une cocotte, mettre l'huile à chauffer. Y colorer la viande puis ajouter les oignons, la coriandre et les épices. Saler et poivrer. Mouiller avec de l'eau à hauteur des morceaux. Laisser cuire à feu doux. La viande doit être cuite et le "jus" de cuisson réduit.

Dans une casserole, mettre l'huile, le riz et le safran. Mélanger. Ajouter 4 dl. de bouillon et le bouquet garni (le bouillon peut être remplacé par du lait parfumé avec 1 cuillerée à soupe de fleurs d'oranger). Saler et poivrer. Couvrir et laisser cuire à petit feu 20 minutes. En fin de cuisson, le riz doit avoir absorbé tout le liquide.

Dans un grand plat dresser le riz en couronne. Déposer la viande et arroser avec la sauce bien réduite. Décorer avec de la coriandre fraîchement hachée.

Tajine de kefta
(Maroc)

Prép. : 30 mn. - Cuis. : 10 mn.
4 pers.

500 g. de viande de bœuf haché
3 cuil. à soupe de coriandre fraîche hachée
2 cuil. à soupe de persil haché
100 g. d'oignons finement hachés
1/2 cuil. à café de cumin en poudre
Sel fin, poivre du moulin
1 grosse pincée de piment doux en poudre
2 pincées de gingembre
5 cl. d'huile d'olive ou d'arachide
150 g. de chair de tomate découpée en petits dés
1 cuil. à café de persil.

Mélanger ensemble la viande et les épices.

Se mouiller les mains et former des petites boulettes de la grosseur d'une bille.

Dans une grande poêle, mettre l'huile à chauffer. Y placer les boulettes pour les colorer. Ajouter la chair des tomates, l'ail écrasée, 2 pincées de cumin. Saler et poivrer.

Laisser mijoter à feu doux 10 minutes.

Servir très chaud avec du persil haché.

Tajine de mouton aux amandes grillées
(Maroc)

Prép. : 30 mn. - Cuis. : 40 mn.
4 pers.

Viande :
600 g. de mouton ou d'agneau
4 cl. d'huile
80 g. d'oignons hachés
4 tomates mondées et épépinées
1 gousse d'ail écrasée
1 grosse pincée de safran
20 g. de coriandre fraîche hachée
Sel, poivre
4 dl. de bouillon de bœuf ou de volaille.

Garniture :
250 g. d'amandes mondées entières
4 cuil. à soupe d'huile d'arachide
Sel
Persil et coriandre hachés.

Dans une grande cocotte, mettre à chauffer l'huile. Y colorer la viande découpée en morceaux de 50 g. Ajouter les oignons. Mélanger. Les laisser "suer". Ajouter les tomates, l'ail, le safran et la coriandre. Saler et poivrer. Verser le bouillon et cuire à feu doux 45 minutes environ.

Mettre l'huile à chauffer. Ajouter les amandes et les faire légèrement dorer. Les retirer et les saler.

Dresser la viande dans un grand plat rond. Napper de sauce réduite et répartir les amandes. Décorer de persil et de coriandre.

Ce plat peut être également décoré de demi-œufs cuits durs.

Tajine de mouton aux raisins secs
(Maroc)

Prép. : 40 mn. - Cuis. : 45 mn.
4 pers.

Viande :
600 g. de mouton coupé en morceaux de 50 g. (épaule)
4 cl. d'huile d'arachide
1 grosse pincée de safran
1 grosse pincée de cannelle
1 pincée de gingembre
4 dl. de bouillon de bœuf ou de volaille
2 gousses d'ail écrasées.

Garniture :
400 g. d'oignons coupés en lamelles
200 g. de raisins secs
2 cuil. à soupe de miel
Sel, poivre.

Dans une grande cocotte, mettre l'huile à chauffer. Y colorer les morceaux de viande. Saler et poivrer. Ajouter les épices, le bouillon et l'ail écrasé. Laisser cuire à petit feu 45 minutes environ.

20 minutes avant la fin de la cuisson de la viande, ajouter les oignons cuits 10 minutes à l'huile, les raisins et le miel. La viande doit être cuite et la sauce bien réduite. Dresser et servir bien chaud.

Sauté de mouton aux citrons confits (Maroc)

Prép. : 35 mn. - Cuis. : 45 à 50 mn.
4 pers.

700 g. de mouton avec os (collier, plat de côte) ou 600 g. d'épaule
50 g. de beurre
80 g. d'oignons émincés
1 grosse pincée de gingembre
1 grosse pincée de safran
1 bâton de cannelle
1 grosse pincée de cumin
2 gousses d'ail écrasées
4 dl. d'eau environ
1 cuil. à soupe de persil haché
1 cuil. à soupe de coriandre fraîche hachée
2 écorces de citron confites coupées en lamelles
Sel fin.

Découper la viande en morceaux de 50 g.

Dans une grande cocotte, mettre le beurre à chauffer. Y colorer les morceaux de viande. Ajouter les oignons pour les faire suer, l'ail écrasé et les épices. Verser l'eau. Saler et laisser cuire à feu doux 45 à 50 minutes.

1/4 d'heure avant la fin de la cuisson, ajouter le persil, la coriandre et le citron confit. La viande doit être cuite et la sauce bien réduite.

Variante : *dans un plat long en terre, disposer la viande et la napper de sauce. Casser un à un les œufs entre les morceaux et les cuire quelques minutes au four.*

"Compote" de courgettes au citron

Prép. : 30 mn. - Cuis. : 30 mn.
4 pers.

2 citrons
5 courgettes moyennes
100 g. d'oignons finement hachés
2 dl. de bouillon de volaille
30 g. de sucre
20 g. de gingembre haché
Sel fin, poivre noir
5 cl. d'huile d'arachide.

Peler à vif les citrons et retirer les segments en glissant la lame du couteau entre les peaux séparant les quartiers.

Eplucher les courgettes. Les couper en tronçons de 3 cm puis en 2 ou 3 quartiers.

Dans une casserole, réunir tous les éléments et cuire à couvert, à petit feu, pendant 30 minutes. Vérifier que la préparation n'attache pas durant la cuisson en remuant de temps en temps.

Servir chaud ou froid en accompagnement de viandes grillées.

Peut être légèrement relevée à l'harissa.

Semoule aux légumes
(Egypte)

Prép. : 35 mn. - Cuis. : 25 mn.
4 pers.

200 g. de semoule à couscous
1 dl. d'huile d'olive ou d'arachide
50 g. de beurre
80 g. d'oignons hachés
80 g. de poivron rouge
80 g. de carotte
80 g. de céleri branche ou tête
50 g. de petits pois
Sel, poivre moulu
3,5 dl. de bouillon de volaille
Quelques feuilles de menthe fraîche hachées.

Découper les carottes, le céleri et le poivron en petits dés d'1/2 cm de côtés.

Dans une casserole mettre le beurre à fondre. Y ajouter l'oignon haché et les dés de légumes. Saler et poivrer. Couvrir et laisser "étuver" les légumes qui doivent cuire à feu doux dans leur eau de végétation. Surveiller la cuisson.

Cuire les petits pois à l'eau bouillante salée. Les égoutter et les rafraîchir sous l'eau froide. Réserver.

Mettre la semoule dans une terrine en terre. Ajouter l'huile et bien la mélanger afin de la "graisser". Verser le bouillon bouillant. Saler, poivrer et couvrir. Laisser gonfler.

Quand la semoule est cuite, adjoindre les petits pois et les légumes étuvés. Egrener la semoule.

Servir chaud. Saupoudrer de menthe fraîche.

Purée d'aubergine aux amandes grillées (Egypte)

Repos : 1 h. - Prép. : 35 mn. - Cuis. : 25 mn.
4 pers.

1,5 kg. d'aubergines
1 grosse pincée de sel
5 cl. d'huile d'olive
1 gousse d'ail écrasée
1 bouquet garni
Le jus d'1/2 citron
150 g. d'amandes concassées
2 cuil. à soupe d'huile d'arachide.

Eplucher les aubergines. Les couper en tranches dans le sens de la longueur. Les saler et les faire dégorger 1 heure.

Les éponger puis les couper en morceaux. Les mettre à cuire avec l'huile chaude dans une grande casserole. Assaisonner. Ajouter l'ail et le bouquet garni. Couvrir et laisser cuire à feu doux. Ajouter un peu d'eau si nécessaire pour éviter que les aubergines attachent.

Après cuisson, passer au moulin à légumes. Ajouter le jus de citron (facultatif).

Dresser dans un plat creux et décorer avec les amandes grillées dans l'huile chaude.

Purée de pois chiches au sésame (Egypte)

Prép. : 15 mn.
4 pers.

*125 g. de tahina **
250 g. de pois chiches cuits au naturel
2 à 3 gousses d'ail écrasées
Le jus de 2 citrons
1 cuil. à soupe d'huile d'olive
1 pincée de paprika
Sel
Piment selon le goût
1 cuil. à soupe de persil haché
Bouillon de volaille.

Passer les pois chiches au moulin à légumes puis mixer cette purée en y ajoutant le tahina, le jus de citron, l'ail écrasé, l'assaisonnement et le bouillon de volaille afin d'obtenir une purée pas trop épaisse. Réchauffer à feu doux.

Servir dans un grand bol. Saupoudrer de paprika et de persil haché. Arroser d'huile d'olive.

Accompagne les galettes de semoule cuites au four.

* **Tahina :** *pâte de sésame vendue dans les épiceries orientales.*

"Tajine" de carottes aux olives

Prép. : 35 mn. - Cuis. : 25 mn.
4 pers.

1 kg. de carottes
250 g. d'olives noires et vertes
250 g. de petits oignons épluchés
1 dl. d'huile d'olive
1 gousse d'ail écrasée
1 bouquet garni
1 pincée de quatre épices
1 pincée de sucre
1 pincée de cannelle
Sel, poivre
2,5 dl. de bouillon de viande ou de volaille
1 cuil. à café de coriandre fraîche hachée.

Eplucher les carottes. Les couper en tronçons réguliers puis en quartiers.

Dénoyauter les olives et les blanchir quelques minutes à l'eau bouillante.

Dans une grande cocotte en fonte, mettre l'huile à chauffer. Y faire "suer" les carottes. Ajouter les petits oignons ainsi que les épices et les aromates. Verser le bouillon de viande.

A mi-cuisson, ajouter les olives et un peu de bouillon si nécessaire.

Servir dans un grand plat en terre avec la coriandre fraîche.

"Tajine" aux légumes

Prép. : 25 mn. - Cuis. : 30 mn.
4 pers.

300 g. de courgettes
300 g. d'aubergines
400 g. de tomates
1 cuil. à soupe de coriandre fraîche hachée
1 gousse d'ail écrasée
3 cuil. à soupe d'huile d'olive
Sel, poivre
1 piment doux
1 pincée de safran.

Eplucher les courgettes et les aubergines en leur laissant une bande de peau non épluchée tous les 2 cm. Les couper en rondelles de 2 mm d'épaisseur.

Découper les tomates en tranches épaisses.

Graisser légèrement un plat en terre rond de préférence. Répartir l'ail.

Disposer tous les légumes en les intercalant et en variant les couleurs. Arroser d'huile d'olive. Saler et poivrer. Ajouter les épices. Cuire à four chaud à 200° C (th. 6-7) en ayant pris le soin de couvrir le récipient avec un couvercle en terre ou du papier aluminium.

Servir très chaud avec de la semoule de blé (p. 48).

Salade d'oranges à l'orientale

Prép. : 30 mn. - Cuis. : 30 mn.
4 pers.

4 belles oranges du Maroc
1/4 l. d'eau
750 g. de sucre
1 cuil. à café de grenadine
2 cuil. à soupe d'eau de fleurs d'oranger
Quelques belles feuilles de menthe.

A l'aide d'un couteau économe, éplucher 1 orange puis découper les peaux en fine julienne. Mettre dans l'eau froide et porter à ébullition. Egoutter, passer sous l'eau froide puis renouveler cette opération au moins 4 fois.

Dans une casserole, faire fondre le sucre avec l'eau. Y ajouter les zestes blanchis et laisser cuire jusqu'à ce que le sirop devienne épais et que la julienne soit confite. Verser la grenadine.

Eplucher les oranges à vif puis lever les quartiers à l'aide d'un couteau très tranchant que l'on glisse de chaque côté des membranes. Récupérer le jus qui s'écoule.

Ranger les quartiers d'orange sur 4 assiettes. Répartir le jus et l'eau de fleur d'oranger. Décorer avec le zeste confit et les feuilles de menthe.

Servir très frais avec des petits sablés (p. 90).

Semoule aux fruits secs

Prép. : 30 mn. - Cuis. : 10 mn.
6 pers.

250 g. de semoule
1 l. de lait
200 g. de sucre
1 grosse pincée de cannelle
1 pincée de safran
2 cuil. à soupe d'eau de fleur d'oranger
4 œufs
100 g. de figues sèches
100 g. de dattes
50 g. de raisins secs
50 g. de cédrat confit
80 g. de beurre
3 cuil. à soupe de miel.

Mettre les raisins à gonfler dans de l'eau chaude.

Verser la semoule en pluie dans le lait bouillant sucré. Ajouter les épices. Laisser cuire à feu doux en remuant pour éviter que la semoule n'attache. Quand elle est cuite, incorporer les œufs et l'essence de fleur d'oranger. Placer la semoule dans un moule huilé en forme de couronne. Laisser refroidir.

Découper les figues, les dattes dénoyautées et le cédrat. Faire fondre le beurre. Ajouter le miel puis tous les fruits. Mélanger. Démouler la semoule et disposer les fruits au centre.

Beignets aux fruits confits et à l'eau de fleur d'oranger

Prép. : 45 mn. - Cuis. : 5 mn.
6 pers.

100 g. de beurre
1/2 l. d'eau
200 g. de farine
400 g. d'œufs entiers battus
1/2 l. de lait
4 jaunes d'œufs
120 g. de sucre
60 g. de farine
150 g. de fruits confits coupés en petits cubes (écorce de citron, d'orange, dattes dénoyautées, raisins secs, melon...)
2 cuil. à soupe d'eau de fleur d'oranger.

Porter l'eau et le beurre à ébullition. Ajouter la farine tamisée. Baisser le feu et travailler vigoureusement l'ensemble jusqu'à ce que la pâte se détache de la casserole et soit bien sèche. Hors du feu, incorporer progressivement les œufs entiers battus. Bien mélanger. Dans l'huile chaude, déposer des petites boules de pâte prélevées à l'aide d'une cuillère. Laisser gonfler et cuire jusqu'à ce que les boules soient dorées et croustillantes. Les égoutter.

Travailler les jaunes d'œufs et le sucre. Ajouter la farine. Bien mélanger. Verser le lait bouillant. Remettre le tout dans la casserole et porter à ébullition en fouettant. Ajouter les fruits confits et l'eau de fleur d'oranger. Laisser refroidir.

Ouvrir les beignets après refroidissement. Les garnir de crème pâtissière. Les saupoudrer largement de sucre glace.

Beignets de datte aux amandes

Prép. : 40 mn. - Cuis. : 5 mn.
8 pers.

30 dattes dénoyautées
250 g. de pâte d'amandes blanche
Quelques gouttes d'amandes amères
250 g. de farine
2 cuil. à soupe d'huile
5 g. de levure chimique
20 g. de sucre semoule
1 pincée de sel
2 œufs + 2 blancs
2 dl. d'eau environ.

Travailler la pâte d'amandes pour répartir l'extrait d'amandes amères. En farcir chaque datte.

Disposer la farine en fontaine dans un grand plat. Y mettre l'huile, la levure, le sucre, le sel et les œufs battus. Mélanger le tout en incorporant peu à peu l'eau afin d'obtenir une pâte pas trop consistante. Battre les blancs d'œufs en neige. Les incorporer délicatement à la pâte.

Tremper une à une les dattes dans la pâte à frire en les piquant sur une fourchette. Les plonger dans l'huile chaude. Laisser dorer puis égoutter sur un papier absorbant.

Dresser en "pyramide" et saupoudrer de sucre glace.

Briouats au riz

Prép. : 50 mn. - Cuis. : 25 mn.
6 pers.

125 g. de riz
1/2 l. de lait
60 g. de beurre
125 g. de sucre
2 cuil. à soupe d'eau de fleur d'oranger
80 g. d'amandes hachées
1 pincée de cannelle
Huile pour friture
Feuilles de "ouarka" (1 par enveloppe) de 15 sur 20 cm.

Mettre le lait à bouillir. Verser le riz et laisser cuire pendant 15 minutes en remuant de temps en temps.

Ajouter le beurre, le sucre et l'eau de fleur d'oranger. Prolonger la cuisson 5 à 10 minutes. Retirer du feu et laisser refroidir.

Colorer les amandes dans très peu d'huile. Les ajouter au riz ainsi que la cannelle.

Placer une cuillerée à soupe de riz au bas de la feuille, à 3 cm du bord. Plier les 2 côtés de la feuille sur la "farce", dans le sens de la largeur, afin d'obtenir une bande de 4 cm de large environ. Rabattre cette bande sur elle-même en commençant par le côté farci jusqu'à obtenir un rectangle. Procéder de la même façon pour chaque feuille. Les plonger dans l'huile chaude. Quand les briouats sont dorés, les égoutter sur un papier absorbant.

Les feuilles de "ouarka" peuvent être remplacées par de fines galettes de riz utilisées pour la préparation des "nems". Ces dernières devront être humidifiées très légèrement.

Briouats au miel et aux amandes

Prép. : 45 mn. - Cuis. : 5 mn.
6 pers.

200 g. de pâte d'amandes
200 g. d'amandes hachées
5 cl. d'huile
3 cuil. à soupe de miel
2 cuil. d'eau de fleur d'oranger
1 grosse pincée de cannelle
12 feuilles de ouarka ou feuilles de "nems"
Huile pour friture
Sucre glace.

Mettre l'huile à chauffer. Y colorer les amandes hachées. Retirer du feu. Verser le tout dans une grande terrine.

Ajouter le miel et la cannelle. Mélanger l'ensemble et laisser refroidir.

Incorporer la pâte d'amandes. Malaxer intimement afin d'obtenir un appareil homogène. Répartir cette farce sur chaque feuille. Procéder comme pour les briouats au riz (page précédente) pour le pliage.

Si l'on utilise des galettes de riz, les humidifier très légèrement afin de les rouler plus facilement.

Plonger les briouats dans l'huile chaude. Les dorer puis les égoutter sur un papier absorbant. Les dresser et les saupoudrer de sucre glace.

Se sert froid ou chaud.

Crêpes au beurre et au miel (Maroc)

XX O

Prép. : 15 mn.
6 à 8 pers.

500 g. de farine
2,5 à 3 dl. d'eau selon la farine
10 g. de sel
100 g. de beurre
4 cuil. à soupe de miel.

Tamiser la farine. Creuser une fontaine au centre. Y mettre le sel et ajouter l'eau peu à peu tout en pétrissant afin d'obtenir une boule de pâte homogène. Couvrir et laisser reposer 30 minutes.

Prélever des petites boules de 50 g. environ et les étaler le plus possible sur une surface huilée afin d'obtenir une crêpe très fine.

Dans une poêle bien chaude, légèrement graissée, cuire une à une ces crêpes. Les ranger sur un grand plat en couronne.

Faire fondre le beurre. Ajouter le miel. Bien mélanger et napper les crêpes avec cette préparation.

Crêpes "levées" au miel

XX O

Prép. : 20 mn. - Cuis. : 20 mn.
4 à 6 pers.

500 g. de semoule fine
10 g. de sel
20 g. de levure de boulanger
5 dl. d'eau tiède
5 cl. d'huile d'arachide
100 g. de beurre
3 cuil. à soupe de miel.

Dissoudre la levure dans 2 cuillerées à soupe d'eau tiède.

Mélanger la semoule et le sel. Verser peu à peu une partie de l'eau en pétrissant pendant 10 minutes environ. Ajouter la levure et le reste de l'eau. La pâte doit être fluide.

Dans une poêle graissée à l'huile et bien chaude, déposer une petite louche de pâte. Cuire la crêpe sur un seul côté.

Faire fondre le beurre. Y passer les crêpes une à une puis ranger sur le plat de service. Servir les crêpes chaudes, accompagnées de miel.

Crêpes feuilletées

Prép. : 20 mn. - Cuis. : 35 mn.
4 pers.

500 g. de farine
10 g. de sel
2,5 dl. d'eau
5 cuil. à soupe de miel ou de sucre semoule
100 g. de beurre.

Tamiser la farine. Y mettre le sel puis ajouter l'eau petit à petit. Pétrir le tout de façon à obtenir une pâte lisse et homogène qui ne soit pas élastique.

Détailler la pâte en petites boules de 50 g. Les étaler sur une surface plate huilée en étirant la pâte le plus possible jusqu'à ce qu'elle soit très fine et de forme ronde. Rabattre les côtés pour obtenir des carrés de 6 à 8 cm.

Dans une grande poêle, mettre une noix de beurre à chauffer. Y colorer les crêpes de chaque côté. Recommencer l'opération jusqu'à la dernière.

Servir ces crêpes accompagnées de miel ou de sucre semoule.

Crêpes feuilletées aux amandes

Prép. : 50 mn. - Cuis. : 35 mn.
4 à 6 pers.

500 g. de farine
10 g. de sel
2 dl. d'eau (environ)
250 g. de pâte d'amandes
1 pincée de cannelle
150 g. de beurre.

Tamiser la farine. Y mettre le sel puis ajouter l'eau petit à petit. Pétrir le tout de façon à obtenir une pâte lisse et homogène qui ne soit pas élastique.

Travailler la pâte d'amandes avec 50 g. de beurre et la cannelle. Former des petits disques très fins de 5 cm de diamètre.

Confectionner les crêpes à partir de boules de pâte de 50 g. environ en les étirant jusqu'à ce qu'elles soient très fines et de forme ronde. Placer un disque de pâte d'amandes par crêpe et rabattre les 4 côtés pour former un carré.

Les dorer de chaque côté dans une poêle beurrée bien chaude.

"Cornes de gazelle" aux amandes ✕✕✕ ꝏ

Prép. : 50 mn. - Cuis. : 20 mn.
6 pers.

500 g. de pâte d'amandes
1 grosse pincée de cannelle en poudre
2 cuil. à soupe d'eau de fleur d'oranger
50 g. de beurre ramolli
500 g. de farine
1 pincée de sel
250 g. d'eau tiède.

Travailler la pâte d'amandes, la cannelle, l'eau de fleur d'oranger et le beurre. Former des petits boudins de 5 cm de long et 2 cm d'épaisseur.

Pétrir la farine, le sel et l'eau tiède au centre. Pétrir le tout jusqu'à obtention d'une pâte homogène et élastique. Etaler la pâte le plus finement possible en bandes de 8 cm de large. Placer tous les 2 cm, des boudins de pâte d'amandes. Humidifier très légèrement la pâte puis la replier afin d'emprisonner la farce. Bien souder.

Découper chaque pièce. Les disposer sur une plaque beurrée en formant un croissant. Cuire à four chaud, th. 6-7 (200° C), 15 à 20 minutes. Servir saupoudré de sucre glace.

Galettes de semoule au miel

Prép. : 30 mn. - Cuis. : 10 mn.
4 pers.

125 g. de semoule
1/2 l. de lait
100 g. de sucre
1 pincée de safran
1 pincée de cannelle
6 jaunes d'œufs
80 g. de beurre
Le jus d'1/2 citron
3 cuil. à soupe de miel
Quelques feuilles de menthe.

Verser la semoule en pluie dans le lait bouillant sucré. Ajouter le safran et la cannelle. Cuire à feu doux une dizaine de minutes en veillant que la semoule n'attache pas au fond du récipient. Hors du feu, incorporer les 6 jaunes d'œufs.

Etaler la préparation sur un plateau graissé en une couche de 2 à 3 cm d'épaisseur. Beurrer la surface pour empêcher la formation d'une croûte. Faire refroidir. Détailler ensuite selon le motif choisi (rond, carré, losange).

Mélanger ensemble le miel et le jus de citron.

Mettre le beurre à chauffer dans une poêle. Y faire rissoler la semoule de chaque côté. Ranger sur le plat de service et arroser de miel.

Décorer avec des feuilles de menthe.

"Croustillants" aux dattes

Prép. : 50 mn. - Cuis. : 5 mn.
6 pers.

300 g. de dattes dénoyautées
3 cuil. à soupe d'huile
1 cuil. à soupe d'eau de fleur d'oranger
1 grosse pincée de cannelle
500 g. de semoule de blé très fine
60 g. de sucre
60 g. d'eau tiède
Huile pour friture.

Passer les dattes au moulin à légumes. Travailler la purée ainsi obtenue avec 1 cuillerée à soupe d'huile, l'eau de fleur d'oranger et la cannelle. Elle doit être assez ferme.

Dans un grand saladier, disposer la semoule, le sucre et 2 cuillerées à soupe d'huile. Pétrir du bout des doigts, en incorporant petit à petit l'eau tiède, jusqu'à obtenir une boule de pâte homogène. Couvrir et laisser reposer 20 minutes.

Diviser la pâte en 2 boules régulières. Les étendre au rouleau en 2 rectangles réguliers sur un plan de travail fariné. Sur le premier, déposer la purée de datte. Recouvrir le tout avec le second. Bien souder les bords.

Découper au couteau des losanges ou tout autre motif. Les faire frire à l'huile chaude. Les égoutter sur du papier absorbant quand ils sont bien dorés. Les saupoudrer de sucre glace ou les badigeonner de miel liquide.

"Galette" aux dattes

Prép. : 25 mn. - Repos : 2 h.
4 pers.

1 l. de lait
200 g. de semoule
60 g. de sucre
1 cuil. à café de cannelle en poudre
1 pincée de safran
1 œuf entier
2 jaunes d'œufs
200 g. de dattes dénoyautées
100 g. de beurre
3 cuil. à soupe de miel liquide.

Mettre le lait à bouillir avec le sucre, la cannelle et le safran. Ajouter la semoule en "pluie" et laisser cuire quelques minutes tout en remuant. Hors du feu, ajouter les œufs. Bien mélanger. Séparer la semoule en 2 parties égales.

Confectionner alors 2 galettes de forme identique, de 20 cm de diamètre environ, que l'on couche sur 2 feuilles de papier aluminium graissées. Placer une feuille de papier aluminium graissée sur chaque galette, puis appuyer avec la main afin d'égaliser la surface à 1,5 cm environ. Laisser refroidir 2 heures.

Passer les dattes au moulin à légumes et pétrir la purée ainsi obtenue avec le beurre.

Placer une galette sur une tôle beurrée. Etaler la purée de datte. Couvrir avec la deuxième galette. Badigeonner de miel liquide. Cuire à four modéré 15 à 20 minutes à 180° C (th. 6).

Khaïf à la marmelade d'oranges

(Maroc)

Prép. : 15 mn. - Cuis. : 30 mn.
6 pers.

500 g. de farine
10 g. de sel
2,5 dl. d'eau
100 g. de beurre
150 g. de marmelade d'oranges.

Tamiser la farine. Ajouter le sel. Former une fontaine. Y verser l'eau. Mélanger rapidement l'ensemble afin de former une boule de pâte homogène. La quantité d'eau est fonction de la farine utilisée. Elle peut donc être augmentée ou diminuée.

Diviser en petites boules de 40 à 50 g. Laisser reposer 30 minutes.

Aplatir et étirer chaque boule avec le bout des doigts préalablement huilés ou les étendre au rouleau afin de former un rectangle de pâte très mince. Plier en 3 dans le sens de la largeur puis également en 3 dans le sens de la longueur.

Cuire à la poêle dans du beurre chaud.

Servir chaud avec du sucre en poudre et de la marmelade d'oranges.

Une autre possibilité consiste à tartiner légèrement les "Khaïf" de marmelade d'oranges, avant de plier.

Gâteaux secs à la cannelle

Prép. : 30 mn. - Cuis. : 15 mn.
6 pers.

250 g. de farine
150 g. de beurre
70 g. d'amandes en poudre
125 g. de sucre
10 g. de cannelle en poudre
1 œuf entier
1 pincée de sel.

Tamiser la farine. La mélanger avec le sel, le sucre, la poudre d'amande et la cannelle. Former une fontaine. Mettre au centre le beurre ramolli et l'œuf battu. Pétrir du bout des doigts afin d'obtenir une boule de pâte. Rajouter éventuellement un peu de lait. Laisser reposer au frais en ayant soin de couvrir la pâte.

Etaler la pâte au rouleau sur une épaisseur d'1 cm puis découper des motifs à l'emporte-pièce.

Déposer les gâteaux sur une plaque à pâtisserie beurrée. Cuire à four chaud (200° C) pendant 10 à 15 minutes.

Saupoudrer de sucre glace à la sortie du four.

Makrout aux amandes

Repos : 1 h. - Prép. : 1 h. - Cuis. : 2 à 3 min./série.
6 pers.

1 kg. de semoule moyenne
6 œufs entiers battus
200 g. de sucre
1 cuil. à soupe d'eau de fleur d'oranger
1 pincée de sel
3 cuil. à soupe d'huile
300 g. de pâte d'amandes souple
Huile pour la friture
300 g. de miel liquide.

Faire dorer la semoule dans une grande poêle, sans matière grasse. La verser dans un grand saladier. Incorporer les œufs, le sucre, l'eau de fleur d'oranger et le sel. Bien mélanger et laisser reposer 1 heure.

Former une boule de pâte bien homogène. Ne pas hésiter à la travailler et à l'humidifier si elle semble ne pas convenir. Terminer en incorporant l'huile.

Etaler la pâte sur le plan de travail. En faire 2 rubans de 40 cm environ de long sur 6 cm de large et 2 cm d'épaisseur. Creuser le centre d'un des rubans. Garnir la cavité avec un long boudin de pâte d'amandes. Recouvrir avec l'autre ruban. Bien souder en appuyant avec les mains graissées.

Détailler des losanges en coupant le ruban en biais. Les frire dans l'huile chaude. Les égoutter puis les plonger 15 minutes dans le miel chaud. Les poser sur une grille.

"Oasis" aux dattes

Prép. : 35 mn. - Cuis. : 30 mn. environ.
4 pers.

150 g. de beurre
100 g. de poudre d'amande
150 g. de dattes dénoyautées
50 g. d'écorce d'orange confite en petits dés
250 g. de sucre
75 g. de miel
5 œufs battus
1/2 sachet de levure chimique
2 cuil. à soupe d'eau de fleur d'oranger
300 g. de farine.

Travailler vigoureusement le sucre, le beurre en pommade ainsi que le miel et une pincée de sel. Ajouter progressivement les œufs battus puis successivement la levure, les dattes, l'écorce d'orange confite, la poudre d'amande, l'eau de fleur d'oranger et la farine.

Verser la pâte dans 2 moules à cake beurrés et garnir de papier sulfurisé. Cuire à four chaud à 200° C, 30 minutes environ.

Démouler et couper en tranches.

Accompagne le thé à la menthe.

Remarque : *pour s'assurer de la parfaite cuisson de l'"oasis", enfoncer une pointe de couteau dans le gâteau. Celle-ci doit ressortir sèche.*

Petits gâteaux frits

Prép. : 20 mn. - Cuis. : 3 mn.
6 pers.

400 g. de farine
8 g. de sel
100 g. de beurre
2 œufs
60 g. de sucre
1 cuil. à soupe d'eau de fleur d'oranger
1/2 sachet de levure chimique
1 sachet de sucre vanillé.

Pétrir ensemble la farine, le sel, le sucre, le beurre et la levure afin d'obtenir un mélange homogène. Ajouter ensuite les œufs battus, l'eau de fleurs d'oranger ainsi que le sucre vanillé. Travailler l'ensemble de façon à former une boule de pâte assez consistante. Laisser reposer au frais, recouvert d'un linge.

Etaler la pâte au rouleau sur 1 cm d'épaisseur. Découper des petits gâteaux à l'aide d'emporte-pièce de différentes formes.

Cuire dans une friture bien chaude. Quand les gâteaux sont dorés, les égoutter sur un papier absorbant. Les saupoudrer de sucre glace.

Servir chaud.

Petits gâteaux à la marmelade d'oranges

Prép. : 40 mn. - Cuis. : 15 mn.
6 pers.

500 g. de farine
25 g. de levure chimique
125 g. de beurre
Le zeste d'1 orange
100 g. de sucre glace
1 œuf battu
4 dl. de lait vanillé
1 petite pincée de noix de muscade
1 jaune détendu à l'eau pour la dorure
60 g. d'écorce d'orange confite
200 g. de marmelade d'oranges amères.

Découper l'écorce d'orange confite en petits dés et l'ajouter à la marmelade d'oranges.

Dans un saladier, mélanger la farine avec la levure. Creuser une fontaine. Y déposer le beurre ramolli, le zeste d'orange, le sucre glace, l'écorce d'orange et l'œuf battu. Pétrir du bout des doigts en incorporant progressivement le lait. Former une boule sans trop la travailler. Couvrir et laisser reposer.

Abaisser la pâte à 1 cm. Détailler des petits rectangles de 6 cm de long sur 4 cm de large. Déposer sur une plaque à pâtisserie graissée. Dorer à l'œuf. Cuire à four chaud, th. 7-8 (210-220° C).

Après refroidissement, tartiner un côté des gâteaux de marmelade d'oranges. Les coller 2 par 2. Saupoudrer de sucre glace.

"Rouleaux" à la semoule et au miel

Prép. : 30 mn. - Cuis. : 10 mn.
4 pers.

500 g. de semoule très fine
125 g. de sucre semoule
3 œufs battus
2 cuil. à soupe d'huile d'arachide
1/2 sachet de levure chimique
Huile pour friture
1 cuil. à soupe d'eau de fleur d'oranger
1 grand verre de miel.

Dans un grand récipient, pétrir ensemble la semoule, le sucre, les œufs, l'huile et la levure chimique jusqu'à obtention d'une pâte homogène. Si les œufs ne permettent pas d'amalgamer toute la semoule, ajouter un peu d'eau tiède. Laisser reposer 30 minutes.

Former des petits rouleaux de 5 cm de long et de 2 cm de large. Les faire frire dans un bain d'huile chaude. Lorsqu'ils sont bien dorés, les déposer sur un papier absorbant.

Préparer un sirop épais avec l'eau de fleur d'oranger, le miel et un peu d'eau. Porter à ébullition.

Tremper les gâteaux dans le miel et les ranger sur une grille. Quand ils sont bien égouttés, les disposer dans le plat de service.

Tarte à la pastèque

Prép. : 40 mn. - Cuis. : 40 mn.
6 pers.

400 g. de pâte brisée.

Garniture :
500 g. de pastèque bien rouge ou de melon
60 g. de sucre
2 blancs d'œufs.

Crème pâtissière :
1/4 l. de lait
60 g. de sucre
2 jaunes d'œufs
30 g. de farine
1 cuil. à café de cannelle.

Abaisser la pâte brisée et en foncer un moule à tarte à bord assez haut. Garnir l'intérieur d'un disque de papier sulfurisé. Remplir de haricots secs et cuire à blanc à four chaud.

Eplucher et retirer les pépins de la pastèque. Détailler la chair en petits cubes. Saupoudrer de sucre et laisser macérer.

Mélanger le sucre et les jaunes. Ajouter la farine. Verser le lait bouillant. Remettre dans la casserole et cuire la crème pâtissière. Egoutter les cubes de pastèque. Les mélanger à la crème pâtissière. Incorporer les blancs d'œufs montés en neige. Garnir le fond de tarte et cuire 15 minutes à four chaud.

Saupoudrer éventuellement de sucre glace.

Sablés aux amandes et à la cannelle

Prép. : 15 mn. - Cuis. : 15 mn.
8 pers.

250 g. de farine
125 g. de beurre
70 g. d'amandes en poudre
125 g. de sucre
10 g. de cannelle en poudre
1 œuf battu
Le zeste d'1 citron
1 jaune d'œuf pour la dorure.

Disposer la farine en fontaine. Placer au centre le beurre ramolli. Ajouter les amandes, le sucre, la cannelle et le zeste de citron. Mélanger le tout puis incorporer l'œuf battu. Travailler rapidement jusqu'à obtention d'une pâte homogène. Si la pâte vous semble trop sèche, ajouter un peu de lait. Mettre en boule. Couvrir et laisser reposer au frais.

Fariner légèrement le plan de travail. Etendre la pâte au rouleau sur une épaisseur d'1 cm. Découper à l'emporte-pièce.

Déposer les sablés sur une plaque à pâtisserie graissée. Badigeonner de dorure et cuire à four chaud, th. 6-7 (200° C).

Lait à la "fleur d'oranger"

Prép. : 5 mn.
6 pers.

120 g. de sucre
1 l. de lait
Eau de fleur d'oranger.

Sucrer le lait et ajouter l'eau de fleur d'oranger.

Servir très frais.

Lait aux amandes

Prép. : 5 mn.
4 pers.

1 l. de lait frais
100 g. de sucre
Extrait d'amandes amères
250 g. d'amandes fraîchement mondées et concassées.

Mixer ensemble le lait sucré et les amandes. Ajouter quelques gouttes d'extrait d'amandes amères.

Laisser infuser puis filtrer au travers d'un linge très fin.

Servir très frais.

Le lait peut être remplacé par de l'eau parfumée à la "fleur d'oranger".

Jus de grenades

Prép. : 5 mn. - Repos : 2 à 3 h.
2 pers.

2 grenades
Le jus d'1/2 citron
2 à 3 cuil. à soupe de sucre
1 cuil. à soupe d'eau de fleur d'oranger
Le jus d'1 grosse orange.

Ouvrir les grenades et en retirer les graines. Mélanger les jus de citron et d'orange, l'eau de fleur d'oranger ainsi que le sucre. Laisser au réfrigérateur 2 à 3 heures.

Filtrer au travers d'un tamis pour ne retenir que le jus. Servir très frais.

Sirop de lime à l'eau de rose
(Turquie)

Prép. : 10 mn.

1 dl. de jus de lime (petits citrons verts)
3 dl. d'eau
250 g. de sucre
1 à 2 cuil. à café d'eau de rose.

Dans une casserole verser l'eau, le jus de citron et le sucre. Porter à ébullition afin de réaliser un sirop.

Hors du feu, ajouter l'eau de rose.

Ce sirop est également utilisé pour la pâtisserie arabe.

Thé à la menthe

Prép. : 5 mn.
6 pers.

5 g. de thé
20 feuilles de menthe
1 l. d'eau
100 g. de sucre.

Mettre le thé, le sucre et la menthe dans la théière. Verser l'eau bouillante. Remuer et laisser infuser sur feu doux.

TABLE DES RECETTES

Les préparations de base

Les soupes

Les entrées

Les plats principaux

Les légumes

Les desserts

Les boissons

Dépôt légal 2e trim. 1991 - Imp. n° 1 853

ISBN 2-7372-2416-0

Imprimé en C.E.E.